BEI GRIN MACHT SICH IHR WISSEN BEZAHLT

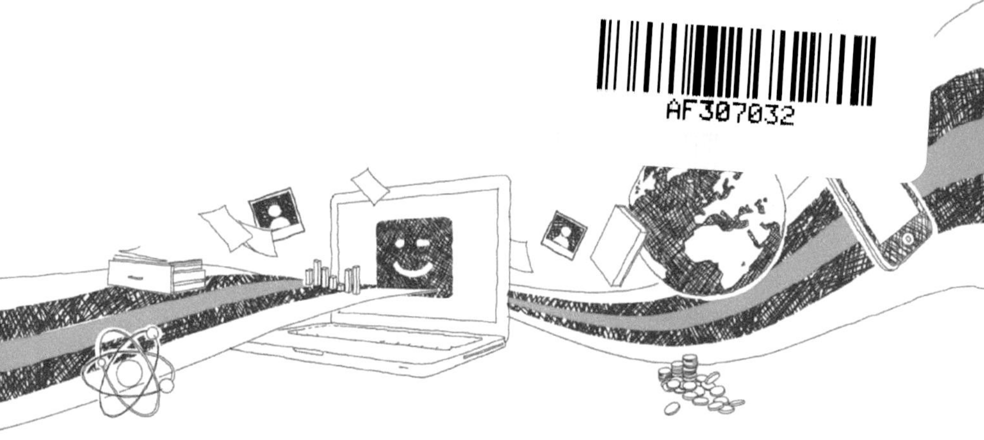

- Wir veröffentlichen Ihre Hausarbeit, Bachelor- und Masterarbeit

- Ihr eigenes eBook und Buch - weltweit in allen wichtigen Shops

- Verdienen Sie an jedem Verkauf

Jetzt bei www.GRIN.com hochladen und kostenlos publizieren

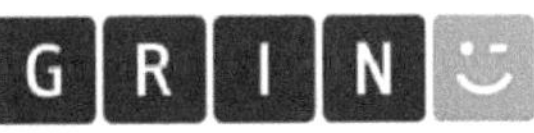

Ernst Probst

Doris Day - Die Heldin jungfräulicher Sexkomödien

GRIN Verlag

Impressum:

Copyright © 2012 GRIN Verlag, Open Publishing GmbH
Druck und Bindung: Books on Demand GmbH, Norderstedt Germany
ISBN: 978-3-656-21614-8

Dieses Buch bei GRIN:

http://www.grin.com/de/e-book/195432/doris-day-die-heldin-jungfraeulicher-sex-
komoedien

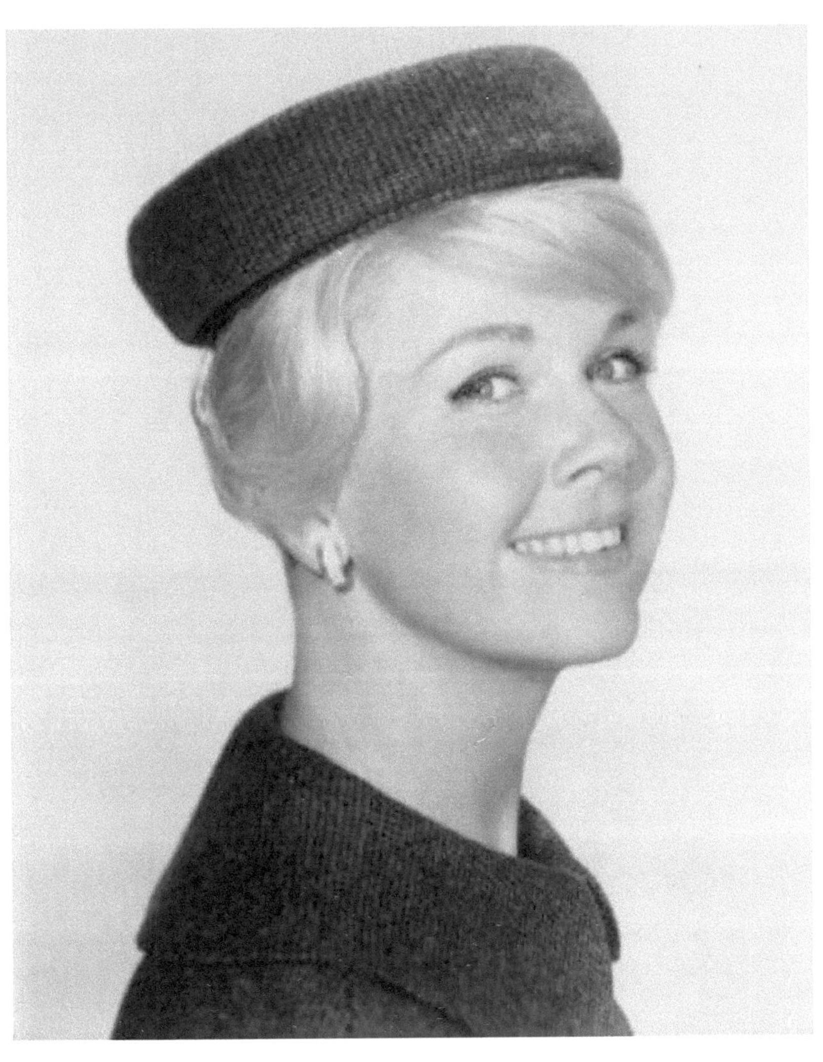

Doris Day in „Midnight Lace“ („Mitternachtsspitzen“, 1960)

Ernst Probst

Doris Day

Die Heldin
jungfräulicher Sexkomödien

Beate Werner,
Bernd Werner,
Marianne Werner,
Otto Werner,
Sonja Werner,
Dr. Jochen Werner,
Christine Werner und
Steffen Werner
gewidmet

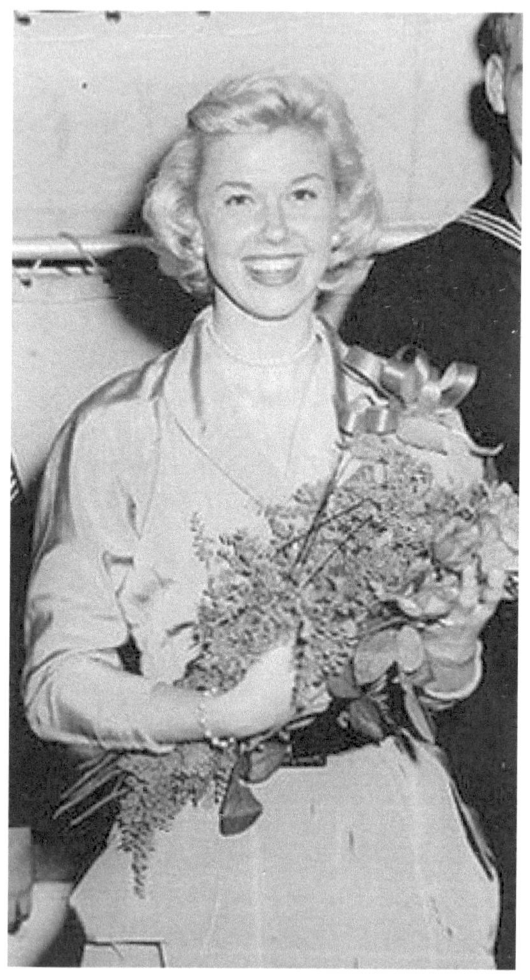

Doris Day 1961 oder 1962

Doris Day

Die Heldin jungfräulicher Sexkomödien

Eine der berühmtesten Leinwandheldinnen in Musicals der frühen 1950-er Jahre und in zahlreichen jungfräulichen Sexkomödien der späten 1950-er ist die amerikanische Schauspielerin und Sängerin Doris Day, geborene Doris Mary Ann Kappelhoff. Unvergessen sind vor allem ihre Filme, die sie an der Seite des amerikanischen Schauspielers Rock Hudson (1925–1985) drehte.

Doris Mary Ann Kappelhoff kam am 3. April 1924 als drittes Kind des Musiklehrers, Kirchenorganisten und Chorleiters William Kappelhoff (1892–1967) sowie dessen Ehefrau Alma Sophia Kappelhoff (1895–1976), geborene Welz, in Cincinnati (Ohio) zur Welt. Ihr Vater und ihre Mutter waren Kinder deutscher Einwanderer und wurden beide in Cincinnati geboren. Die Mutter betrieb eine Gaststätte.

Großvater väterlicherseits war der in Warendorf (Westfalen) geborene und in Cincinnati gestorbene Franz Joseph Wilhelm Kappelhoff (1843–1907). Seine rund zehn Jahre jüngere Ehefrau hieß Julia Agnes Kreimer (1853–1916), stammte aus Glandorf unweit von Osnabrück (Niedersachsen) und starb in Cincinnati.

Großvater mütterlicherseits war der in Oetigheim (Baden) geborene und in Cincinnatti gestorbene Wilhelm Welz (1866–1907). Bei seiner Ehefrau handelte es sich um die in Muckenloch (Baden) geborene und in Cincinnatti gestorbene etwa drei Jahre jüngere Anna Christina Mann (1863–1932).

Der Lieblings-Stummfilm-Star von Alma Sophia Kappelhoff war die Schauspielerin Doris Kenyon (1897–1979). Ihretwegen gab die Mutter ihrer Tochter ebenfalls den Vornamen Doris. Später erhielt die Kleine den Kosenamen „Do-Do". Ihr ältester Bruder Richard starb bereits im Kindesalter, bevor Doris geboren wurde. Als Nächster kam der Bruder Paul zur Welt.

Von klein auf hatte Doris durch ihren Vater Kontakt mit der Musik. Bereits mit fünf Jahren trat sie in der Gaststätte ihrer Mutter auf. Auf Wunsch ihres Vaters sollte sie Konzertpianistin werden. In Cincinnati besuchte sie die „Withrow High School".

In den frühen 1930-er Jahren ertappte Doris eines Tages ihren Vater bei einem Seitensprung mit der besten Freundin ihrer Mutter. Was sie damals erblickte, konnte sie nie mehr vergessen. Nachdem die geschockte Doris ihrer ahnungslosen Mutter von ihrer Beobachtung erzählt hatte, verschwand ihr Vater, ohne sich von seiner Familie zu verabschieden. Ihre bis dahin unbeschwerte Kindheit war schlagartig vorbei.

Nach der Scheidung ihrer Eltern zog die achtjährige Doris mit ihrer Mutter Alma und ihrem Bruder Paul nach Evanston (Illinois) und lebte dort in bescheidenen Verhältnissen. Neben dem Schulbesuch nahm sie Tanzstunden und trat als Amateurtänzerin auf. Mit zwölf Jahren gewann sie zusammen mit dem jungen Stepptänzer Jerry Doherty einen Tanzwettbewerb in Cincinnati, wofür beide 500 US-Dollar erhielten. Ab 1937 besuchte sie die „Fanchon And Marco Dance School" in Los Angeles (Kalifornien), wo sie auch im klassischen Ballett ausgebildet wurde.

Ein folgenschwerer Autounfall am 13. Oktober 1937 beendete jäh den Traum von Mutter und Tochter einer Tanzkarriere von Doris. Das rechte Bein der 13-jährigen Doris wurde zerschmettert, als ein Zug nachts mit einem Auto zusammenstieß, in dem sie auf Tournee gegangen war. Angeblich handelte es sich ausgerechnet um die Nacht vor einem Umzug nach Hollywood.

Insgesamt 14 Monate lang verbrachte Doris wegen ihrer Verletzungen in Krankenhäusern. Die brennendste Frage in dieser Zeit war, ob sie jemals wieder gehen könne. Zeitweise plagten sie Langeweile und Angstzustände. Im Krankenhaus hörte sie oft Radio, lauschte gern Ella Fitzgerald (1917–1998) und Billie Holiday (1915—1959) und begann irgendwann, selbst zu singen. Bald nahm sie auch Gesangsunterricht.

Als Doris wieder gehen konnte und endlich nachhause kam, wurde ihrer Mutter klar, dass Schmerz, verlorene Illusionen, unbändiger Lebensmut und die Gesangs-lchrerin Grace Raine eine Jahrhundertstimme hervor-

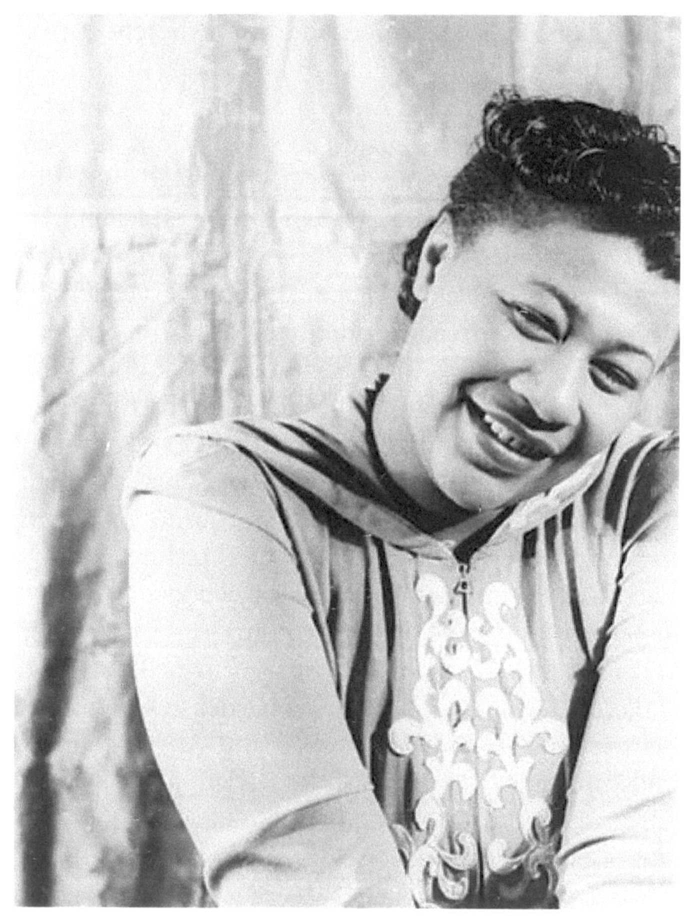

Ella Fitzgerald (1917–1998)
im Jahre 1940

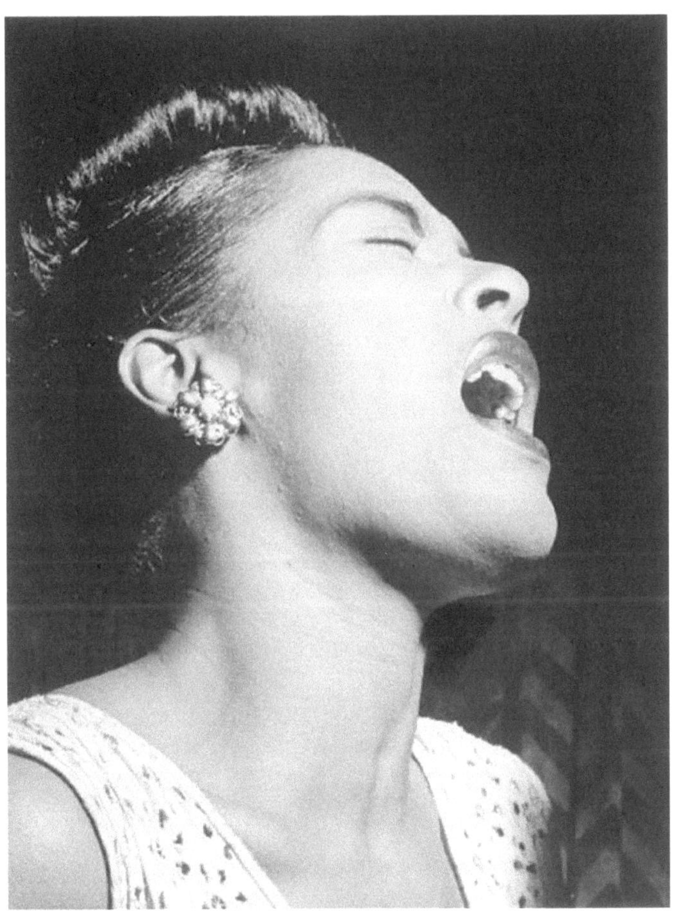

Billie Holiday (1915—1959)
im Jahre 1947

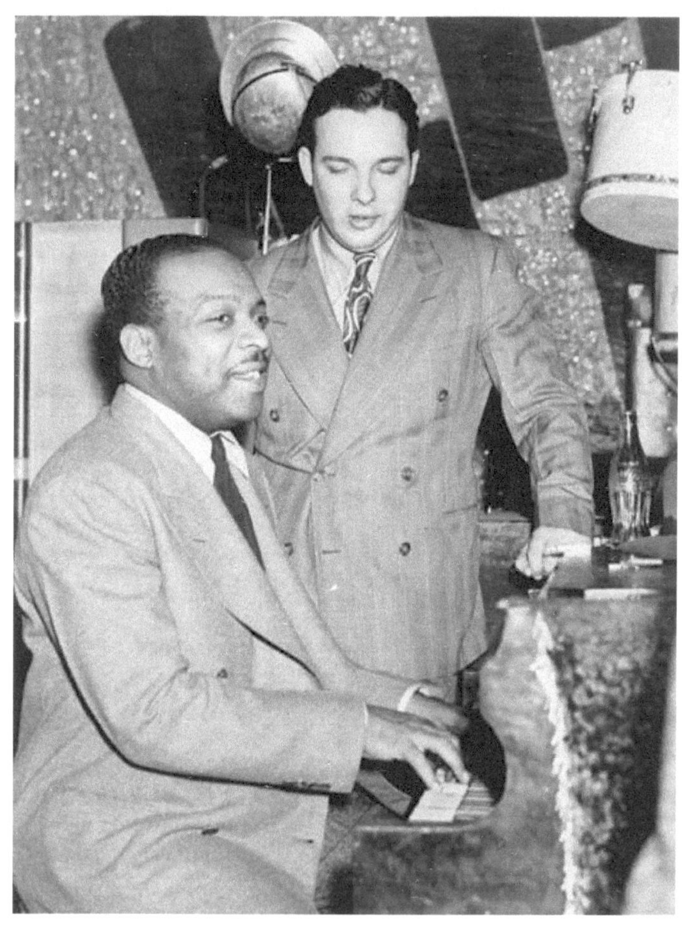

*Bob Crosby (1913–1993, rechts,
und Count Basie (1904–1984) um 1941*

gebracht hatten. Die Mutter machte ihrer Tochter Mut: „Du kannst trotzdem Karriere machen".

1941 trat die 17-jährige Doris Kappelhoff ohne Honorar als Sängerin im lokalen Rundfunksender „WCPO" auf. Dabei hörte sie der Bandleader Barney Rapp (1900–1970) und verpflichtete sie für 25 US-Dollar als Sängerin in seinen Nachtclub. Vor ihrem Auftritt mit ihrem Erfolgssong „Day by Day" kam dem Ansager ihr Mädchenname „Doris Kappelhoff" nur schwer über die Lippen. Deswegen riet der Nachtclubbesitzer Barney Rapp, die junge Sängerin solle sich „Doris Day" nennen und sie nahm diesen einprägsamen Künstlernamen an.

Der Erfolg von Doris Day wuchs durch Auftritte, eigene Shows sowie durch die Zusammenarbeit mit großen Jazz-Bands von Barney Rapp, Les Brown (1912–2001), Bob Crosby (1913–1993) und Fred Waring (1900–1984). Les Brown engagierte Doris Day bereits Anfang der 1940-er Jahre als Sängerin, die aber kurz darauf heiratete und die Band wieder verließ. Nach ihrer Scheidung ging Doris von 1943 bis 1946 mit der „Les Brown Band" auf Tournee. Später erklärte sie: „Die glücklichsten Tage meines Lebens waren, als ich mit Les Brown und seiner Band umherreiste".

Den Durchbruch als Sängerin schaffte Doris Day 1944 mit dem Lied „Sentimental Journey". Dieser Song wurde die Erkennungsmelodie der „Les Brown Band", ein Nummer-1-Hit und die Willkommensmelodie der nach dem Zweiten Weltkrieg heimkehrenden US-Soldaten.

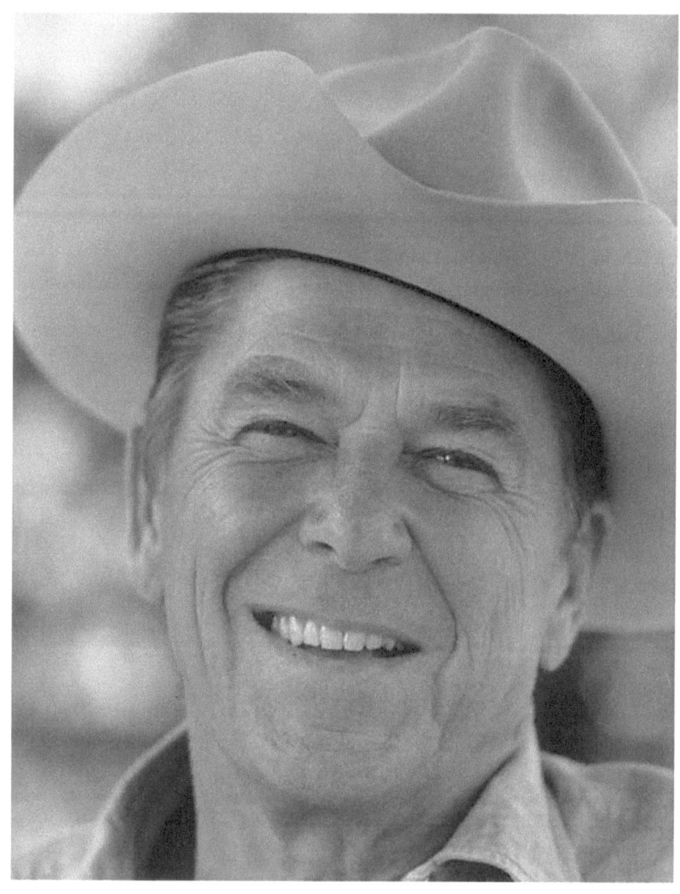

*Ronald Reagan (1911–2004)
im Jahre 1976*

1945 folgte mit „My Dreams Are Getting Better All the Time" ihr zweiter und 1947 mit „Love Somebody" ihr dritter Nummer-1-Hit. Auch ihre Lieder „Que sera" und „Everybody loves a Lover" entwickelten sich zu Ohrwürmern und hievten sie an die Spitze nationaler Schlagerparaden.

In den 1940-er Jahren entstand die Angst vor dem Fliegen von Doris Day. Sie rührte von einigen Flügen bei sehr schlechtem Winterwetter her.

Im neu eröffneten Nachtlokal „Little Club" in New York City, wo sie ab Ende 1947 eine Zeitlang jeden Abend sang, fiel die 1,70 Meter große, blauäugige und platinblonde Doris Day einem Talentsucher auf. Er gehörte zu Agenten, die nach Mädchen Ausschau hielten, die vielleicht das Zeug zum Filmstar hatten. Dieser Mann schleppte Doris zum Regisseur Michael Curtiz (1888–1962), den sie so beeindruckte, dass er mit ihr Probeaufnahmen machte.

1947 erhielt Doris Day einen Vertrag mit dem Filmstudio „Warner Brothers". Unverhofft kam sie zu einer Hauptrolle in dem Musical „Romance on the High Seas" („Zaubernächte in Rio", 1948) unter der Regie von Curtiz, weil die dafür vorgesehene Betty Hutton schwanger wurde. Ihr Lied „It's Magic" aus diesem Film bescherte ihr den dritten Nummer-1-Hit.

Bei „Warner Brothers" waren neben Doris Day auch Jane Wyman (1917–2007) und deren Ehemann Ronald Reagan (1911–2004) unter Vertrag. Nach seiner

Scheidung von Wyman im Jahre 1948 sagte Doris Day
zu Reagan wegen dessen rhetorischer Begabung, er solle
im Land herumreisen und Reden halten. „Ronnie" war
nach ihrer Ansicht unter den Männern, die sie kannte,
der Einzige, der sehr gern getanzt hat. Er soll einer ihrer
Liebhaber gewesen sein. Reagan wurde 1966 Gouver-
neur von Kalifornien und von 1981 bis 1980 der 40.
Präsident der USA.

Von 1948 bis 1950 trat Doris Day als Sängerin in der
wöchentlichen „Bob Hope Radio Show" bei der Rundfunkgesellschaft „National Broadcasting Corporation"
(„NBC") auf. 1950 schloss sie mit „Columbia Records"
einen Plattenvertrag ab, der ihr innerhalb weniger Jahre
mehr als 17 Millionen verkaufte Platten bescherte. 1952
wurde „A Guy is a Guy" ihr vierter Nummer-1-Hit.
1952/1953 hatte sie bei der Rundfunkgesellschaft
„Columbia Broadcasting System" („CBS") eine eigene
Radio-Show. Weil sie das Fluchen verabscheute, durften
ihre Songs nur in Filmen verwendet werden, in denen
nicht geflucht wurde.

Bei den Dreharbeiten für „Tea for Two" („Bezaubernde
Frau", 1950) sagte Billy De Wolfe zu Doris Day den
Satz, dass sie nicht aussehe wie eine Doris Day, sondern
eher wie eine Clara Bixby. Seitdem benutzen alte Freun-
de von ihr den Spitznamen „Clara Bixby".

Bis etwa 1951 war Doris Day eine starke Raucherin. Sie
verbrauchte täglich bis zu zweieinhalb Zigaretten-
packungen.

Neben komödiantischen Rollen besetzte Doris Day gelegentlich auch dramatische. Das war in Filmen wie „Storm Warning" („Gefangene des Ku-Klux-Klan", 1951), „Love Me or Leave Me" („Tyrannische Liebe", 1955) oder „Julie" („Mord in den Wolken", 1956) der Fall. In „Storming Warning" drehte sie zusammen mit der Schauspielerin, Tänzerin und Sängerin Gingers Rogers (1911–1995), dem Idol ihrer Kinderzeit. In „Love Me or Leave Me" mimte sie Ruth Etting (1897–1978), den Musical-Star der 1920-er Jahre.

Bereits 1952 gehörte Doris Day zu den zehn am Besten verdienenden Filmschauspielerinnen. 1954 sah man sie als Partnerin von Howard Keel (1919–2004) in dem Western-Musical „Calamity Jane" („Schwere Colts in zarter Hand"), der einer ihrer Lieblingsfilme ist. „Calamity Jane" („Katastrophen-Jane") war der Spitzname der Scharfschützin Martha Jane Canarry (1852–1903) aus dem Wilden Westen. Laut Legende erhielt sie ihren Spitznamen, weil über jeden Mann, der sie beleidigte, eine Katastrophe hereingebrochen sein soll. In diesem Film trug Doris Day den Evergreen „Secret Love" vor, der mit dem „Oscar" als bester Film-song ausgezeichnet und ihr fünfter Nummer-1-Hit wurde. Als sie „Secret Love" zum erstenmal hörte, fiel Doris fast in Ohnmacht, weil dieses Lied so schön war.

1955 löste Doris Day ihren Vertrag mit „Warner Brothers". Fortan arbeitete sie als selbständige Produzentin und Schauspielerin.

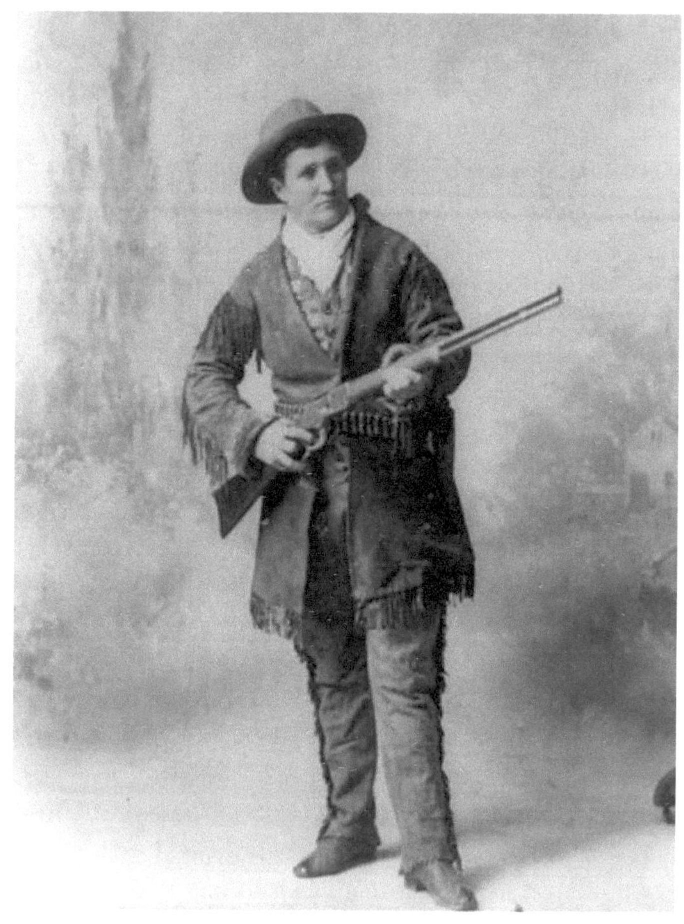

Martha Jane Canarry (1852–1903),
genannt „Calamity Jane" („Katastrophen-Jane") im Jahre 1895

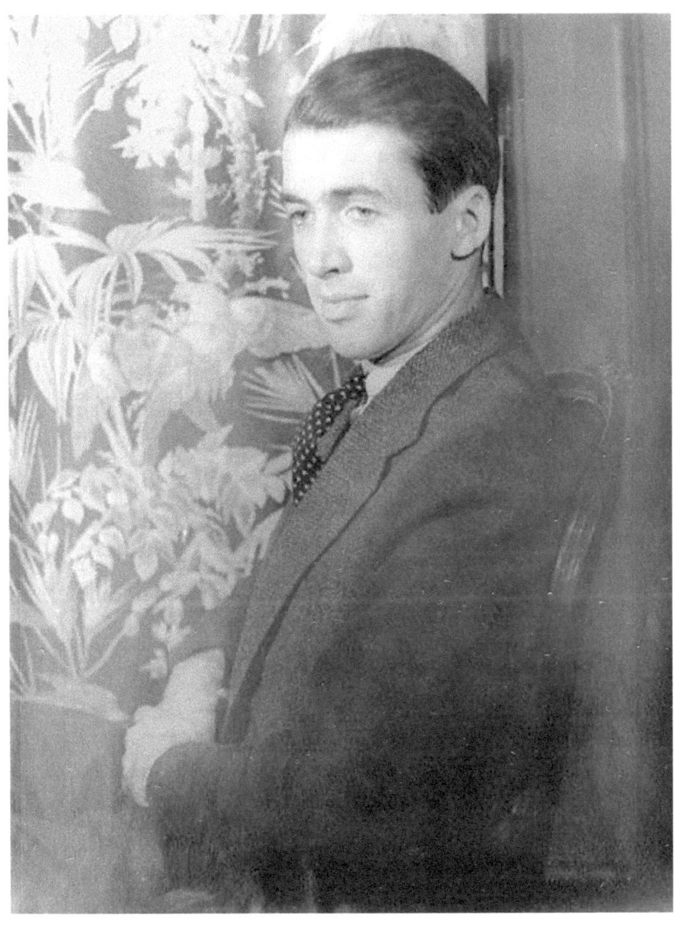

James Stewart (1908–1997)
im Jahre 1934

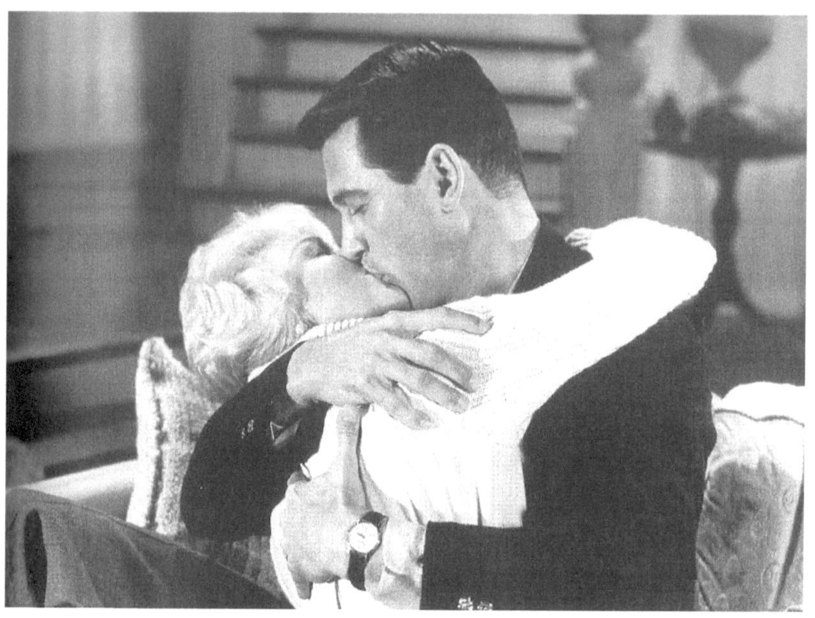

*Rock Hudson (1925–1985) und Doris Day
in „Pillow Talk" („Bettgeflüster", 1959)*

Als Partnerin von James Stewart (1908–1997) sorgte Doris Day in „The Man Who Knew Too Much" („Der Mann, der zuviel wußte", 1956) von Alfred Hitchcock (1899–1980) für Aufsehen. Fast hätte sie diese Rolle abgelehnt, als sie erfuhr, dass damit Dreharbeiten in London und Marrakesch verbunden waren. Doch ihr Ehemann und Manager überredete sie, die Rolle in diesem Sabotagethriller anzunehmen. Darin ging es um den Kreuzzug einer Frau, die ihr angeknackstes Familienglück retten will. Ihr Verzweiflungsschrei in der „Royal Albert Hall", der ein Attentat verhindert, andererseits aber das Todesurteil für ihren entführten Sohn bedeutet, wurde in einem Take eingespielt. Dieser Film schloss mit dem Lied „Que sera, sera" ab, das ihr größter Hit wurde. Kurioserweise erschien ihr dieser Song anfangs als zu simpel und zu kindlich. Dabei waren doch gerade die Worte „whatever will be, will be" in diesem Lied ihr Lebensmotto. Bei den Dreharbeiten für diesen Film sah Doris Day auf einem Marktplatz in Nordafrika, wie schlecht dort Kamele, Ziegen und andere Tiere behandelt wurden. Das war die Geburtsstunde für ihren Kampf gegen die Misshandlung von Tieren.

Oft begeisterte Doris Day in jungfräulichen Sexkomödien – wie „Pillow Talk" („Bettgeflüster", 1959), „Lover Come Back" („Ein Pyjama für zwei", 1961), „That Touch of Mink" („Ein Hauch von Nerz", 1962) und „Send Me No Flowers" („Schick mir keine Blumen",

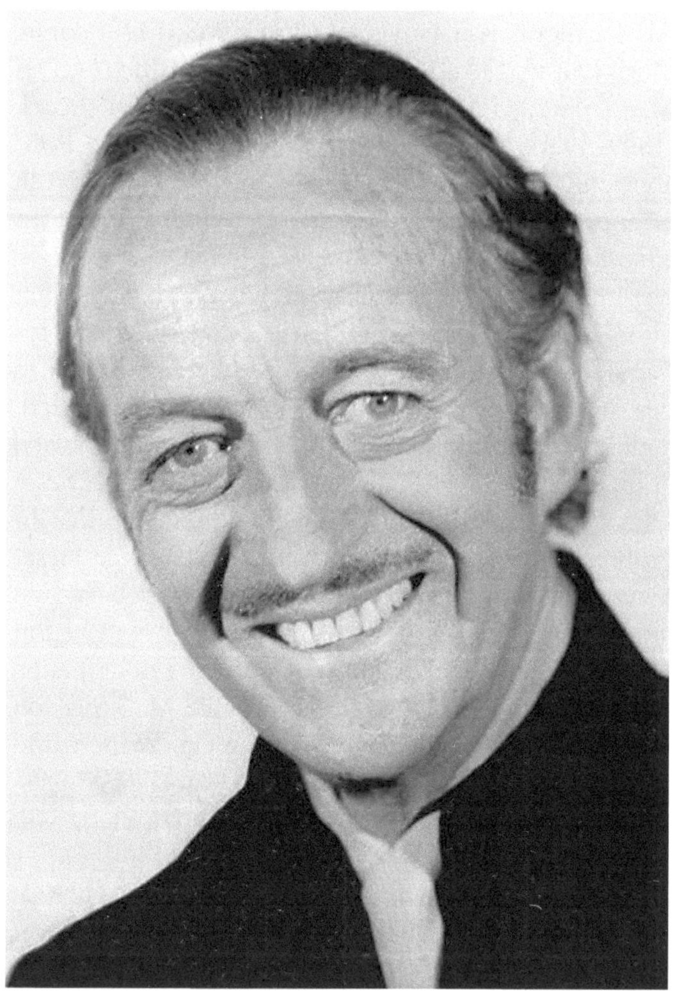

David Niven (1910–1983) im Jahre 1973

1964) – ein Millionenpublikum. Durch solche Filmrollen entstand bald das Klischee der naiven, biederen und konservativen Blondine.

In „Pillow Talk" verkörperte Doris Day die Jan Morrow, die sich mit dem Draufgänger Brad Allen (Rock Hudson) einen Telefonanschluss teilen muss, obwohl sie nicht zusammen wohnen. Der Haken an der Sache ist, dass Brad stundenlang mit verschiedenen Damen quasselt und die Leitung blockiert. Durch den Charme und das legendäre Mienenspiel von Doris Day wurde dieser Film eine der erfolgreichsten Hollywood-Komödien. Für „Pillow Talk" hat man sie als beste Hauptdarstellerin für den „Oscar" und den „Golden Globe" nominiert. Einen „Oscar" bekam sie trotz aller ihrer großen Erfolge an den Kinokassen allerdings nie!

Auch in „Lover Come Back" und „Send Me No Flowers" bildeten Doris Day und der im Privatleben nicht an Frauen interessierte Rock Hudson ein Traumpaar. Wenn Rock und Doris zusammen am Set auftraten, sprachen sie sich mit Spitznamen an. Rock gab Doris den Spitznamen „Eunice Blotter". Doris bezeichnete Rock als „Roy Harold". Diese fiktiven Namen gefielen ihnen so gut.

Große Erfolge feierte Doris Day aber auch ohne ihren Traumpartner Rock Hudson. In „It Happened to Jane" („Mit mir nicht, meine Herren", 1959) brillierte sie neben Jack Lemmon (1925–2001). In „Please, Don't Eat the Daisies" („Meisterschaft im Seitensprung", 1959)

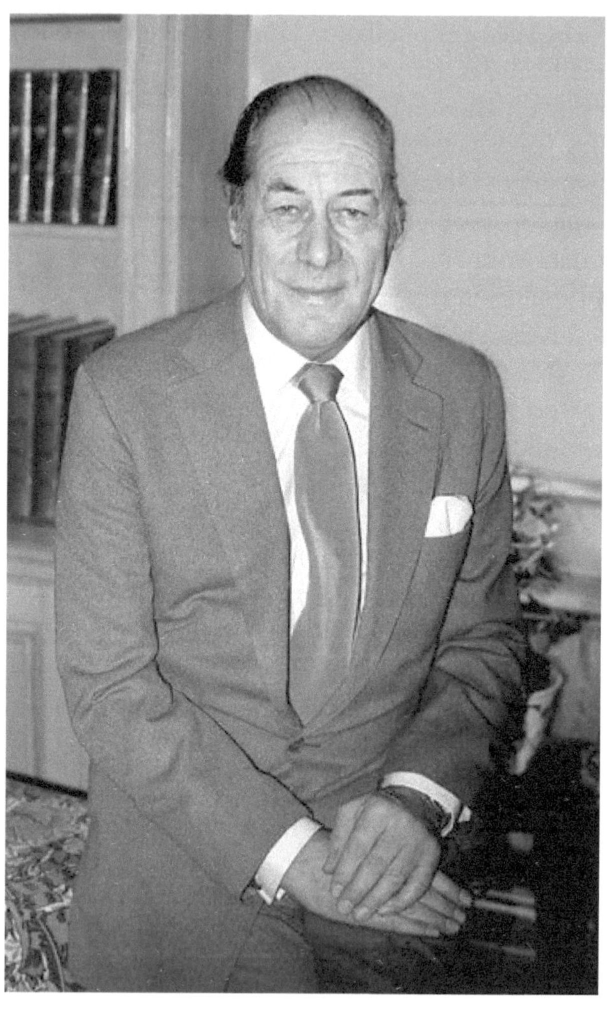

Rex Harrison (1908–1990) im Jahre 1976

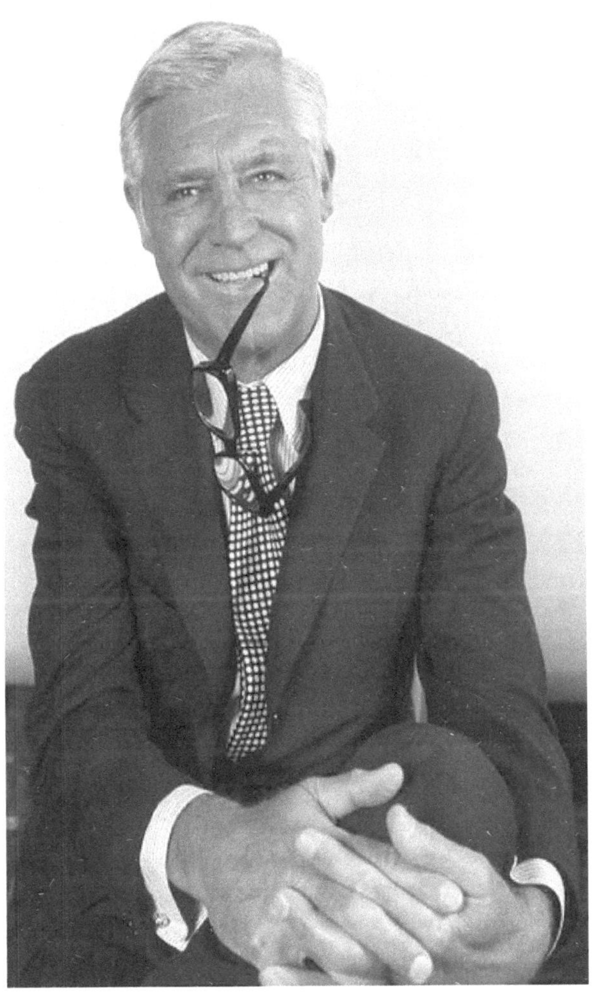

Cary Grant (1904–1986) im Jahre 1975

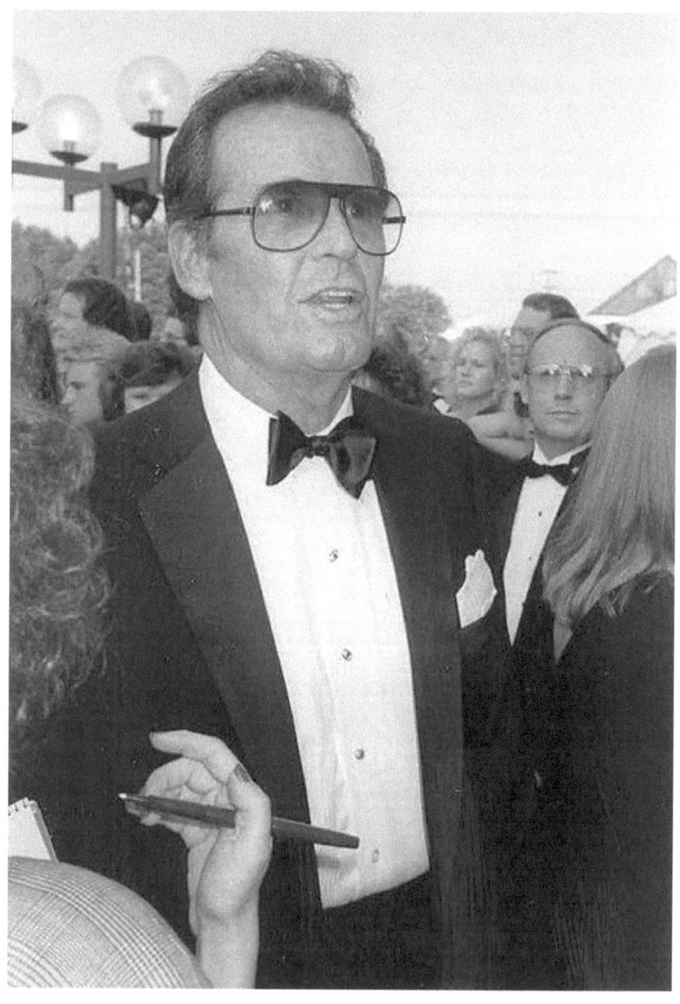

James Garner im September 1987

glänzte sie neben David Niven (1910–1983). Im Psychothriller „Midnight Lace" („Mitternachtsspitzen", 1960) zeigte sie neben Rex Harrison (1908–1990) ihre Klasse als Charakterdarstellerin. Doch Hollywood verplante das Urbild der aufrechten, lebenstüchtigen und moralischen Amerikanerin weiterhin in Musicals und leichten Komödien.

An der Seite des Herzensbrechers Cary Grant (1904–1986) sah man Doris Day in „That Touch of Mink" („Ein Hauch von Nerz", 1962). Als Hausfrau Beverly Boyer begeisterte sie neben James Garner als gestresstem Gatten in der Komödie „The Thrill of It All" („Was diese Frau so alles treibt", 1962). In „Move Over, Dar-ling" („Eine zuviel im Bett", 1963) trat sie erneut mit Garner auf.

Bereits Ende der 1950-er Jahre galt Doris Day als der größte Star der Unterhaltungsindustrie in den USA. Mehr Schallplatten als sie verkaufte damals nur Frank Sinatra (1915–1998).

1963 wurde Doris Day zum Mädchen gewählt, mit dem Amerikas Astronauten am liebsten zum Mond fliegen würden. Außerdem erhielt sie 1963 zum dritten Mal nach 1958 und 1960 den „Golden Globe Award" als beliebteste Schauspielerin der Welt. Die Vereinigung amerikanischer Kinobesitzer wählte sie 1963 zum „Kassenstar des Jahres". Weniger schmeichelhaft war der „Sour Apple" („Saure Apfel") als pressefeindlichster Star (1954, 1962 und 1964).

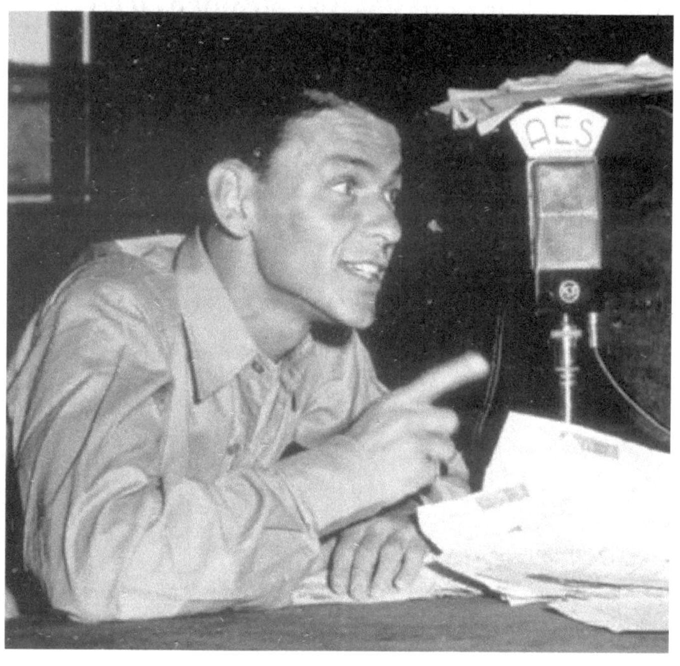

Frank Sinatra (1915–1998)
in den frühen 1940-er Jahren

Als Mitte der 1960-er Jahre die „Sexwelle" begann, ließ das Interesse an der sauberen Traumfrau Doris Day allmählich nach. In ihren Sexkomödien wurde zwar ständig auf das eine hingearbeitet, aber ohne dass man es je zeigte. Mehr als ein Kuss war nicht drin. Comics und Kritiker verspotteten sie als „älteste Jungfrau der Welt". Als kommerzielle Misserfolge erwiesen sich ihre Filme „Do Not Disturb" („Bitte nicht stören!", 1965) und „Caprice" (1967). Anerkennung fand sie hinwegen in „The Glass Bottom Boat" („Spion in Spitzen-höschen", 1966). Ihre letzten Kinofilme hießen „Where Were You When the Lights Went Out?" („Als das Licht ausging"; 1968) und „With Six You Get Eggroll" („Der Mann im Mammis Bett", 1968).

Hin und wieder lehnte Doris Day eine Filmrolle ab, wenn ihr der Stoff nicht behagte. Das war beispielsweise bei „Die Reifeprüfung" (1967) der Fall. Darin sollte sie die Rolle der verheirateten Mrs. Robinson spielen, die einen College-Studenten (Dustin Hoffmann) verführt, aber nicht will, dass er ihre Tochter ausführt. „That's not me", sagte Doris hierzu. Schließlich ging diese Rolle an Anne Bancroft (1931–2005).

Doris Day war viermal verheiratet. Ihre Ehen endeten nicht, weil sie immer wieder fremd ging wie andere weibliche oder männliche Filmstars, sondern aus anderen Gründen. „Alles, was ich je wollte, war ein Baby, ein Ehemann, der mich liebt, und ein Zuhause", verriet sie einmal.

Im Alter von 17 Jahren schloss Doris Day im März 1941 ihre erste Ehe mit dem Posaunisten Al Jorden (gestorben 1967). Aus dieser Verbindung stammt ihr am 8. Februar 1942 in New York City geborener Sohn Terry (1942–2004). Den Vornamen Terry wählte sie, weil sie als Kind „Terry and the Pirates" liebte. Terry trug ursprünglich den Familiennamen Jorden. Später adoptierte ihn Martin Melcher, der dritte Ehemann seiner Mutter, und er hieß fortan Terry Melcher. Jorden neigte zur Gewalttätigkeit und entpuppte sich als äußerst brutaler Ehemann, der seine Gattin sogar schlug. Die Ehe mit Jorden wurde am 8. Februar 1943 geschieden. Wenn sie mit Jorden vor ihrer Ehe einige Wochen lang zusammengelebt hätte, hätte sie ihn sicherlich nicht geheiratet, erklärte Doris einmal. Jorden beging später Selbstmord, indem er sich erschoss.

Am 30. März 1946 heiratete Doris Day den Saxofonisten George Weidler (1926–1989), einen Bruder der Filmschauspielerin Virginia Weidler (1927–1968). Die zweite Ehe endete am 31. Mai 1949 mit der Scheidung. Danach hatte Doris eine Beziehung mit dem kanadischen Schauspieler Jack Carson (1910–1963).

Dritter Ehemann von Doris Day wurde am 3. April 1951, ihrem 27. Geburtstag, der Manager und Produzent Martin („Marty") Melcher (1915–1968). Diese Ehe wurde, wie Doris später verriet, von ihrem impotenten Gatten nie vollzogen und war ein reines Zweckbündnis für ihn. Beide Eheleute gehörten den „Christian

Scientists" an. Während jener Ehezeit entdeckte man bei Doris einen Tumor in der Größe einer Grapefruit, der in ihren Darm gewachsen war. Deswegen unterzog sie sich einer Gebärmutterentfernung. 1958 starb ihr Bruder Paul. Ab diese Zeit wurde Doris oft von ihrem Gatten gedrängt, Rollen anzunehmen, die ihr nicht behagten. Dies und vermutlich auch der Tod ihres Bruders führten dazu, dass Doris wiederholt unter Anfällen von nervöser Erschöpfung litt.

Während der 1960-er Jahre mehrte Terry Melcher, der Sohn von Doris Day und Al Jorden, seinen Ruhm als Musikproduzent und Songwriter. Ab 1962 war er bei „Columbia Records" für die Sparte „Jugendmusik" zuständig. Zusammen mit Bruce Johnston produzierte er Surfmusik unter Pseudonymen wie „The Rip Chords", „Bruce & Terry" oder „The Rogers". Ihre Single „Hey Little Cobra" erreichte im Februar 1964 den vierten Platz der „Billboard Hot 100". Zudem leitete Terry jugendorientierte Aufnahmen seiner Mutter Doris Day sowie von Frankie Laine und Eddie Hodges. Als sich Mitte der 1960-er Jahre die Rockmusik entwickelte, prägte er den Sound der „Rising Sons" und der „Byrds" mit. Als bekanntester Song aus der Zusammenarbeit mit den „Byrds" gilt „Mr. Tambourine Man". 1967 war er an der Organisation des „Monterey Pop Festival" beteiligt, das als Durchbruch der neuen Rockmusik gilt. Martin Melcher, der dritte Ehemann von Doris Day, starb am 20. April 1968 an Herzversagen. Er ließ seine

Witwe fast völlig verarmt zurück, weil ihr Vermögen in Höhe von mehr als 20 Millionen US-Dollar in schlechte Hände geraten war.

Nach dem Tod von Martin Melcher hatte Doris Day hohe Schulden. Sie nahm aber keine Filmrollen mehr an, weil ihr Ex-Gatte ohne ihr Wissen einen Millionen-Deal mit „CBS" über eine Fernsehserie abgeschlossen hatte. Von 1968 bis 1972 trat sie in 128 Folgen der „The Doris Day Show" auf. An deren Produktion war ihr Sohn Terry Melcher beteiligt, der als Musikproduzent einen guten Ruf genoss.

1968 entrann Terry Melcher vermutlich nur knapp dem Tod. Damals machte ihn Dennis Wilson (1944–1983), der labile Schlagzeuger der „Beach Boys", mit dem wirren Hippie-Guru Charles Manson bekannt. Wilson hatte Manson und dessen „Family" beim Trampen aufgelesen und sie in seiner Villa wohnen lassen. Manson, der sich zur Rockmusik berufen fühlte, traf sich mit Melcher, um Songs aufzunehmen. Doch der renommierte Musikproduzent fand seine Lieder grauenvoll und lehnte sie ab. Um den verärgerten Hippieführer zu besänftigen, ließ Melcher eine Manson-Doku-Soap drehen. Diese Doku-Soap enthielt Prügelorgien, LSD-Gelage und noch mehr schlechte Songs. Deswegen brach Melcher die Arbeit mit Manson ab und zog aus Furcht vor ihm nach Malibu. Das Haus am Cielo Drive in Los Angeles, in dem er zuletzt gewohnt hatte, vermietete Melcher an den Regisseur Roman Polanski und dessen

Ehefrau Sharon Tate (1943–1969). Am 9. August 1969 fiel die von LSD und Stechäpfeln berauschte „Manson Family" über die Mieter des Hauses am Cielo Drive her. Die völlig enthemmten Hippies ermordeten die hochschwangere Sharon Tate sowie vier weitere Personen. Mit dem Blut der Opfer schrieben die Täter „Pigs" („Schweine") und „helter-skelter" („holterdiepolter") an die Wände. Nach dem Blutbad saß Melcher verängstigt und von Bodygards geschützt in Malibu. Geschockt zog er sich fast völlig aus dem Musikgeschäft zurück. In der Folgezeit half Terry Melcher, den Scherbenhaufen zu beseitigen, den sein 1968 verstorbener Adoptivvater Martin Melcher seiner Mutter hinterlassen hatte. Er stritt mit Rechtsanwälten und Gläubigern, machte die „Doris Day Show", handelte mit Immobilien und trainierte Kinderstars wie David Cassidy.

Auch in den 1970-er Jahren trat Doris Day in Fernsehsendungen auf: 1971 in „The Doris Mary Anne Kappelhoff Special" und 1975 in „Doris Day today". Am 18. September 1974 gewann Doris Day einen Prozess gegen ihren früheren Rechtsanwalt und Manager Jerome B. Rosenthal, der ihr Geld angelegt hatte. Sie sagte hierzu: „Mein Ehemann vertraute Rosenthal, und ich vertraute meinem Ehemann." In erster Instanz wurde Rosenthal zur Zahlung von 22 Millionen US-Dollar verpflichtet. Ein Berufungsverfahren endete mit einem Vergleich und der Zahlung von zehn Millionen US-Dollar.

1976 erschienen die Memoiren von Doris Day unter dem Titel „Doris Day: Her Own Story". Ihre Autobiografie erreichte viele Auflagen und wurde in andere Sprachen übersetzt.

Am 14. April 1976 schloss Doris Day ihre vierte Ehe mit dem zwölf Jahre jüngeren Geschäftsmann Barry Comden (1935–2009). Er war geschieden, hatte damals zwei Töchter, leitete das Restaurant „Old World" in Beverly Hills und plante ein weiteres Restaurant in Palm Springs. Comden gewann angeblich das Herz der tierlieben Doris, als er ihr nach einem Besuch in seinem Lokal „Old World" für ihre Hunde eine Tüte mit Fleisch und Knochen schenkte. Das Ehepaar kaufte 1978 in Carmel an der Küste Kaliforniens ein Haus. Die Verbindung von Day und Comden währte bis zum 2. April 1980. Über Comden sagte Doris nur, dass sie nicht zusammengepasst hätten. Comden dagegen beklagte sich, er hätte neben den zwölf Hunden von Doris nur die zweite Geige gespielt. Danach wagte Doris Day keinen weiteren Versuch als Ehefrau. Auch Comden heiratete nicht mehr. Seine Hauptinteressen waren Frauen und Golf. Im Mai 1983 wurde Doris durch die Geburt ihres Enkels Ryan Melcher zur Großmutter.

1988 schrieb und produzierte Terry Melcher zum größten Teil das Album „Still Cruisin'" der „Beach Boys". Dieses erfolgreiche Album enthielt den Nummer-eins-Hit „Kokomo", der Terry eine Nominierung für den „Golden Globe" bescherte.

Für die 81. „Oscar"-Verleihung im März 1989 war geplant, dass Doris Day zusammen mit Patrick Swayze und Marvin Hamlisch die beste Filmmusik präsentieren sollte. Doch dazu kam es nicht. Denn Doris erlitt eine tiefe Schnittwunde am Bein, als sie im Garten ihres Hotels auf eine Sprinkleranlage trat.

Ab Anfang der 1980-er Jahre lebte Doris Day allein mit ihren Hunden und Katzen in Carmel (Kalifornien). Dort führte sie mit ihrem Sohn Terry Melcher sowie mit ihrem Geschäftspartner Dennis LeVette ein kleines Hotel namens „Cypress Inn". 1985/1986 befasste sie sich in ihrer TV-Talkshow „Doris Day's Best Friends" mit Tierliebe und dem Leid der Tiere.

1985 starb Rock Hudson, mit dem Doris Day in dem Film „Pillow Talk" (1959) aufgetreten wer, an der Immunschwäche Aids. Gegenüber der Presse erklärte Doris, sie habe nie gewusst, dass Hudson homosexuell gewesen sei. Wenn es einen Himmel gebe, sei Hudson sicher dort, meinte sie, denn er sei so ein guter Mensch gewesen.

Für ihr Gesamtwerk erhielt Doris Day 1989 den „Cecil B. DeMille Award" der „Foreign Press Association". In jenem Jahr unterschrieb sie bei der Rundfunkgesellschaft „American Broadcasting Company" („ABC") einen Vertrag für drei Fernsehfilme, die 1991 in der Serie „Widows Club" zu sehen waren. 1991 konnte sie sich über den „American Comedy Award" für ihr komödiantisches Lebenswerk freuen.

Einen Tiefpunkt in seiner Karriere als Musikproduzent und Songwriter erlebte Terry Melcher mit dem Album „Summer in Paradise", das er 1992 für die „Beach Boys" geschrieben und produziert hatte. Das Interessse daran war so gering, dass dieses Album in den USA bereits nach wenigen Wochen wieder von den Verkaufsregalen verschwand.

1994 gründete Doris Day die gemeinnützige Stiftung „Doris Day Animal League" („DD Animal League"). Diese Organisation setzt sich für eine humane Behandlung der Tiere ein und arbeitet mit Abgeord-neten und dem Senat in Washington, D. C. zusammen. Ziel der Stiftung ist es, Gesetze zu erlassen, um das Leiden von misshandelten Tieren zu mindern. Immer wieder sorgte die Tierfreundin und Vegetarierin mit Tierschutz-Kampagnen für Aufsehen in der Öffentlichkeit. Ende der 1990-er Jahre beispielsweise forderte sie US-Präsident Bill Clinton auf, seinen Hund „Buddy" kastrieren zu lassen.

Dass Doris Day ein Herz für Hunde und ein Talent für geistreiche Aphorismen hat, belegt unter anderem ihr Ausspruch: „Ich fand heraus, dass einem in tiefem Kummer von der stillen, hingebungsvollen Kameradschaft eines Hundes Kräfte zufließen, die einem keine andere Quelle spendet". Einige ihrer Zitate wurden in das dicke Werk „Harenberg Lexikon der Sprichwörter & Zitate" (1997) aufgenommen. Ihre Aphorismen kursieren auch im Internet.

2000 unterstützte Doris Day als Anhängerin der „Republikanischen Partei" George W. Bush bei der Präsidentenwahl. 2004 verlieh ihr US-Präsident Bush für ihr Tierschutz-Engagement mit der „Presidential Medal of Freedom" die höchste zivile Auszeichnung in den USA. Wegen ihrer Flugangst nahm sie aber nicht an der Preisverleihung im „Weißen Haus" in Washington teil. Sie schilderte jedoch dem Präsidenten persönlich in einem ausführlichen Telefongespräch den Grund für ihr Nichtkommen. Dabei erklärte sie, sie würde dafür beten, dass Bush für eine zweite Amtszeit gewählt werde. Zum 80. Geburtstag von Doris Day am 3. April 2004 erschienen viele Artikel in den Feuilletons von Tageszeitungen. Auffällig war dabei das kollektive Naserümpfen darüber, dass es in ihren Filmen fast immer ein stahlendes Happy End gab. Künstler werden von Kritikern oft in eine Schublade gesteckt, aus der sie ihr ganzes Leben lang nicht mehr herauskommen.
Tief betroffen war Doris Day über den Tod ihres einzigen Sohnes Terry Melcher. Er starb am 19. November 2004 in Beverly Hills (Kalifornien) im Alter von 62 Jahren an Hautkrebs, der Krankheit Kaliforniens. „Terry war nicht nur mein Sohn, er war mein Freund, mein Gefährte. Ein Leben lang", sagte sie über ihn. Terry war zweimal verheiratet. Aus seiner ersten Ehe mit Jacqueline stammte sein 1983 geborener Sohn Ryan. Von 1998 bis zu seinem Tod dauerte seine zweite Ehe mit Terese.

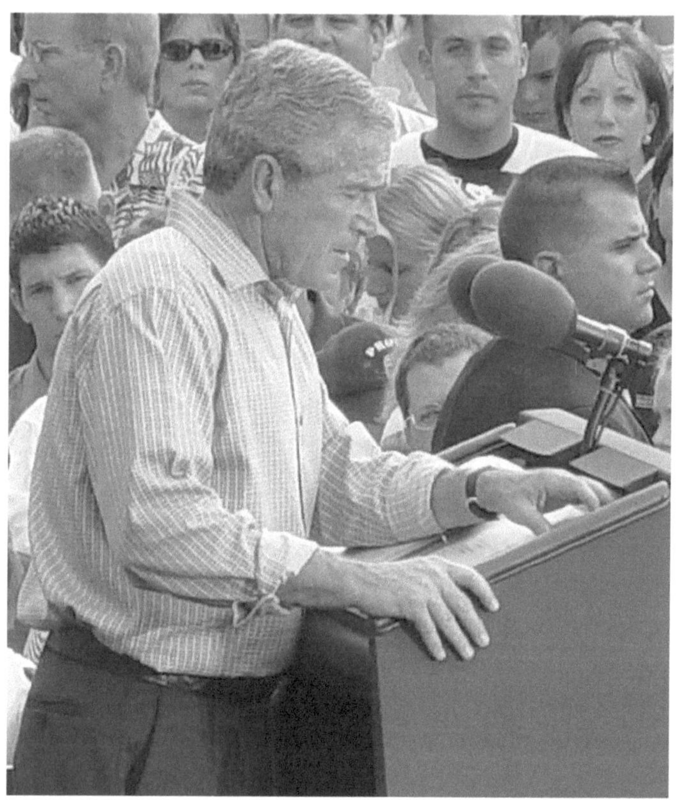

*George W. Bush
bei einer Wahlkampfveranstaltung
im Oktober 2004*

2008 konnte sich Doris Day über einen „Grammy" als Auszeichnung für ihre musikalischen Verdienste freuen. Zu ihrem 85. Geburtstag am 3. April 2009 erschienen erneut unzählige Gedenkartikel über sie. Die Hamburger Wochenzeitung „Die Zeit" schrieb 2009 über ihr Mienenspiel: „Sie konnte störrische Männer mit scharfer Zunge in ihre Schranken weisen, ihre Stirn kraus ziehen, erbost durch zusammengebissene Zähne knurren und plötzlich und beinahe übergangslos die Augen aufschlagen und einen Mann anlächeln – sie beherrschte das wie keine zweite. Auch wenn das Drehbuch oft vorhersehbar war und das Happy End von vornherein feststand, waren Filme mit ihr große Unterhaltung".

Im Mai 2009 erlag Barry Comden, der vierte Ehemann von Doris Day, in seinem Haus in Los Angeles im Alter von 74 Jahren einem Herzinfarkt. Um ihn trauerten sein Sohn Danny, seine Töchter Susannah und Maude sowie seine Schwester Ellen Lichterman.

2010 bekam Doris Day den „Society of Singers Legend Award". Auf dem „Hollywood Walk of Fame" erinnern seit 1960 je ein Stern in der Kategorie Musikaufnahmen und in der Kategorie Film an sie.

Auf Anhieb in die britischen Top 10 Charts schaffte es das am 5. September 2011 erschienene Album „My Hearts" der damals 87-jährigen Doris Day. Damit gilt sie nach Very Linn als die zweitälteste Künstlerin, die jemals den Sprung in die britische Top 10 geschafft hat.

Lynn war 2009 im Alter von 92 Jahren mit ihrem Album „We'll Meet Again" auf Platz 1 der britischen „Album Charts" gekommen. Das Album „My Haerts" enthält zwölf bislang unveröffentlichte Titel, die vor allem in den 1980-er Jahren produziert, aber nicht veröffentlicht wurden. „My Hearts" ist eine Hommage von Doris Day an ihren verstorbenen Sohn Terry Melcher, der die meisten Songs des Albums produziert und einige davon sogar selbst geschrieben hat.

„Sie hat keinen Facebook-Account, twittert nicht und schert sich auch sonst reichlich wenig um soziale Netzwerke. Trotzdem ist ihr wohl bekanntester Song bis heute ein Hit im Internet", las man 2011 in der Hamburger Illustrierten „Stern" über Doris Day. „Que sera, sera" hatte damals bereits mehr als 800.000 Abrufe beim Videoportal „YouTube". Dieser Song wurde von 1956 bis heute oft gecovert. Auch Piedro Lombardi, der Sieger von „Deutschland sucht den Superstar" hat dieses Lied interpretiert.

Viele Musiker und Sänger haben Doris Day in ihren Stücken namentlich erwähnt. Ihr Name ist beispielsweise in „Dig It" von den „Beatles", in „We didn't start the fire" von Billy Joel, in „Wake me up before yo gogo" von „Wham", in „Wrap Her Up" von Elton John und in „Dirty Epic" von „Underworld" zu hören.

Die genaue Zahl der Filme von Doris Day ist nicht bekannt. In einem Artikel der Wochenzeitung „Die Zeit" von 2009 war von 39 Filmen und zwei Fernsehserien ab

1948 die Rede. In manchen ihrer frühen Streifen wurde sie nicht im Abspann erwähnt. Zur Verwirrung über die Anzahl ihrer Filme hat teilweise eine andere Schauspielerin beigetragen, die unter dem Namen Doris Day (1910–1998) während der 1930-er und 1940-er Jahre vor allem in B-Western auftrat.

Filme von Doris Day

Kinofilme (Auswahl)
1948: Zaubernächte in Rio (Romance on the High
Seas) – Regie: Michael Curtiz, erste Hauptrolle von
Doris Day
1948: Mein Traum bist du (My Dream Is Yours) –
Regie: Michael Curtiz
1949: Ein tolles Gefühl (It's a Great Feeling) – Regie:
David Butler
1949: Der Mann ihrer Träume (Young Man with a
Horn) – Regie: Michael Curtiz
1950: Bezaubernde Frau (Tea for Two) – Regie:
David Butler
1950: The West Point Story – Regie: Roy Del Ruth
1951: Gefangene des Ku-Klux-Klan (Storm Warning)
– Regie: Stuart Heisler
1951: Das Wiegenlied vom Broadway (Lullaby of
Broadway) – Regie: David Butler
1951: Romanze mit Hindernissen (On Moonlight
Bay) – Regie: Michael Curtiz
1951: Starlift – Regie: Roy Del Ruth
1952: In all meinen Träumen bist du (I'll See You in
My Dreams) – Regie: Michael Curtiz
1952: The Winning Team – Regie: Lewis Seiler
1952: April in Paris – Regie: David Butler

1953: Heiratet Majorie? (By the Light of the Silvery Moon) – Regie: David Butler
1953: Schwere Colts in zarter Hand (Calamity Jane) – Regie: David Butler
1954: Das Blonde Glück (Lucky Me) – Regie: Jack Donohue
1954: Man soll nicht mit der Liebe spielen (Young at Heart) – Regie: Gordon Douglas
1955: Tyrannische Liebe (Love Me or Leave Me) – Regie: Charles Vidor
1956: Der Mann, der zuviel wußte (The Man Who Knew Too Much) – Regie: Alfred Hitchcock
1956: Mord in den Wolken (Julie) – Regie: Andrew L. Stone
1957: Picknick im Pyjama (The Pajama Game) – Regie: George Abbott
1958: Reporter der Liebe (Teacher's Pet) – Regie: George Seaton
1958: Babys auf Bestellung (The Tunnel of Love) – Regie: Gene Kelly
1959: Mit mir nicht, meine Herren (It Happened to Jane) – Regie: Richard Quine
1959: Bettgeflüster (Pillow Talk) – Regie: Michael Gordon
1960: Meisterschaft im Seitensprung (Please Don't Eat the Daisies) – Regie: Charles Walters
1960: Mitternachtsspitzen (Midnight Lace) – Regie: David Miller

1961: Ein Pyjama für zwei (Lover Come Back) –
Regie: Delbert Mann
1962: Ein Hauch von Nerz (That Touch of Mink) –
Regie: Delbert Mann
1962: Spiel mit mir (Billy Rose's Jumbo) – Regie:
Charles Walters
1963: Was diese Frau so alles treibt (The Thrill of It
All) – Regie: Norman Jewison
1963: Eine zuviel im Bett (Move Over, Darling) –
Regie: Michael Gordon
1964: Schick mir keine Blumen (Send Me No
Flowers) – Regie: Norman Jewison
1965: Bitte nicht stören! (Do Not Disturb) – Regie:
Ralph Levy
1966: Spion in Spitzenhöschen (The Glass Bottom
Boat) – Regie: Frank Tashlin
1967: Caprice – Regie: Frank Tashlin
1967: Das Teufelsweib von Texas (The Ballad of
Josie) – Regie: Andrew V. McLaglen
1968: Als das Licht ausging (Where Were You When
the Lights Went Out?) – Regie: Hy Averback
1968: Der Mann in Mammis Bett (With Six You Get
Eggroll) – Regie: Howard Morris

Quelle: Wikipedia und Internet Movie Database

Fernsehsendungen (Auswahl)
1968–1973: The Doris Day Show (Sitcom)
1971: The Doris Mary Anne Kappelhoff Special
1975: Doris Day Today
1985–1986: Doris Day's Best Friends (Talkshow)
1991: Doris Day: A Sentimental Journey

Auszeichnungen von Doris Day

Oscar-Nominierung
1960: Beste Hauptdarstellerin in Bettgeflüster

Golden Apple Award
1954: Sour Apple als unkooperativste Schauspielerin
1962: Sour Apple als unkooperativste Schauspielerin
1964: Sour Apple als unkooperativste Schauspielerin

Golden Globe Award
Auszeichnungen
1958: Beliebteste Filmschauspielerin der Welt
1960: Beliebteste Filmschauspielerin der Welt
1963: Beliebteste Filmschauspielerin der Welt
1989: Cecil B. DeMille Award für das Lebenswerk
Nominierungen
1955: Beliebteste Filmschauspielerin der Welt
1959: Beste Hauptdarstellerin – Komödie oder
Musical (Babys auf Bestellung)
1960: Beste Hauptdarstellerin – Komödie oder
Musical (Bettgeflüster)
1961: Beste Hauptdarstellerin – Drama
(Mitternachtsspitzen)
1963: Beste Hauptdarstellerin – Komödie oder
Musical (Spiel mit mir)

1964: Beste Hauptdarstellerin – Komödie oder
Musical (Eine zuviel im Bett)
1966: Beliebteste Filmschauspielerin der Welt
1969: Bester weiblicher Fernsehstar (Doris Day in ...)

Grammy Awards
Auszeichnung
2008: Grammy Lifetime Achievement
Nominierungen
1959: Beste weibliche Gesangsdarbietung (Everybody
Loves a Lover)
1961: Beste weibliche Gesangsdarbietung (The Sound
of Music)

Hollywood Walk of Fame
1960: Stern in der Kategorie Musikaufnahmen
(Adresse: 6278 Hollywood Boulevard)
1960: Stern in der Kategorie Film (Adresse: 6735
Hollywood Boulevard)

Photoplay Award
1951: Beliebtester weiblicher Star
1959: Beliebtester weiblicher Star

Laurel Award
Auszeichnungen
1958: Weiblicher Top Star
1959: Weiblicher Top Star

1960: Beste Hauptdarstellerin in einer Komödie
(Bettgeflüster)
1960: Weiblicher Top Star
1961: Weiblicher Top Star
1962: Beste Hauptdarstellerin in einer Komödie (Ein
Pyjama für zwei)
1962: Weiblicher Top Star
1963: Beste Hauptdarstellerin in einer Komödie (Ein
Hauch von Nerz)
1963: Weiblicher Top Star
1964: Weiblicher Top Star
1965: Beste Hauptdarstellerin in einer Komödie
(Schick mir keine Blumen)
Nominierungen
1959: Beste Hauptdarstellerin in einer Komödie
(Babys auf Bestellung, Platz 3)
1961: Beste Hauptdarstellerin in einem Drama
(Mitternachtsspitzen, Platz 4)
1965: Weiblicher Top Star (Platz 4)
1966: Weiblicher Top Star (Platz 5)
1967: Beste Hauptdarstellerin in einer Komödie
(Spion in Spitzenhöschen, Platz 2)
1967: Weiblicher Top Star (Platz 8)
1968: Beste Hauptdarstellerin in einer Komödie (Als
das Licht ausging, Platz 5)
1968: Weiblicher Top Star (Platz 14)
1970: Beste Hauptdarstellerin in einer Komödie (Der
Mann in Mammis Bett, Platz 3)

Bravo Otto
Auszeichnungen
1964: Bronzener Bravo Otto der Zeitschrift Bravo
1965: Bronzener Bravo Otto der Zeitschrift Bravo
Nominierungen unter anderem
1968: Beliebteste Filmschauspielerin (Platz 19)
1970: Beliebteste Filmschauspielerin (Platz 8)
1971: Beliebteste Fernsehschauspielerin (Platz 11)
1972: Beliebteste Fernsehschauspielerin (Platz 8)
1980: Beliebteste Filmschauspielerin (Platz 5)
1983: Beliebteste Filmschauspielerin (Platz 10)

Weitere Auszeichnungen
1991: American Comedy Award für ihr
komödiantisches Lebenswerk
2004: Presidential Medal of Freedom durch US-
amerikanischen Präsident George W. Bush (höchste
zivile Auszeichnung in den Vereinigten Staaten)
2010: Society of Singers Legend Award

Quelle: Wikipedia

Zitate von Doris Day

Die Ehe ist wie ein Telefon.
Wenn man nicht richtig gewählt hat,
ist man falsch verbunden.

Die Frauen machen sich nur deshalb so hübsch,
weil das das Auge des Mannes besser entwickelt ist,
als sein Verstand.

Die Männer sind doch Kavaliere.
Mancher Mann begleitet seine Frau
beim Rasenmähen sogar mit einem Sonnenschirm.

Es interessiert mich nicht,
Leute im Bett beim Sex zu sehen:
Ich finde das einfach krank.
Und ich hätte sowas nicht mal mit 25 gedreht,
wenn meine Karriere davon abgehangen hätte.

Ich will am Set Spaß haben,
ich will schöne Kleider tragen und hübsch aussehen.
Ich möchte lächeln und andere glücklich machen.

Nicht ich werde älter,
sondern mein Kameramann.

Literatur

ALLGEMEINE ZEITUNG: Doris Day: Amerikas Liebling wird 65. Bieder, solide und aus Hollywood nicht wegzudenken / Apfelsüßes Mädchen, 30. März 1989, Mainz
FEMBIO Frauen-Biographie-Forschung
http://www.fembio.org
INTERNET MOVIE DATABASE
(Filmdatenbank) http://www.imdba.com
MORRIS, George: Doris Day: Ihre Filme – ihr Leben, München 1987
PROBST, Ernst: Superfrauen 7 – Film und Theater, Mainz-Kostheim 2001
PROBST, Ernst: Königinnen des Films, München 2012
PUBLIKUMSLIEBLINGE NICHT NUR VON GESTERN http://www.steffi-line.de
Internetseite von Stephanie D'heil, Düsseldorf
THOMEY, Tedd: Doris Day. Ein Lebensbericht, München 1965
WIKIPEDIA (Online-Lexikon)
http://wikipedia.org
WINNERT, Derek (Herausgeber): Doris Day. Aus: Kino. Die große Welt der Filme und Stars, S. 60, Niedernhausen 1995

Bildquellen

Klaus Benz, Fotograf, Mainz-Laubenheim: 58

Library of Congress, Prints and Photographs Division, Carl van Vechten Photograph Collection, Washington (Fotos des US-amerikanischen Schriftstellers und Fotografen Carl van Vechten (1880–1964):
(Foto vom 15. Oktober 1934): 19
(Foto vom 19. Januar 1940): 10

Library of Congress, Prints and Photographs Division, Washington (Fotos des US-amerikanischen Fotografen William P. Gottlieb (1917–2006):
(Foto um 1941): 12
(Foto vermutlich im Februar 1947): 11

Library of Congress, Prints and Photographs Division, Washington (Foto von H. R. Locke von 1895): 18

National Archives and Records Administration (Foto von 1976): 14

Reproduktion eines Fotos, das 1951 oder 1952 von einem Mitglied der United States Army während der Ausführung seiner Dienstpflichten erstellt wurde: 6

Reproduktion eines Fotos, das zwischen 1941 und 1945 von einem Mitarbeiter der Streitkräfte oder des Verteidigungsministeriums der Vereinigten Staaten während eines Interviews für ein Programm des „Armed Forces Radio Services for broadcast" erstellt wurde: 28

Universal Pictures (Studio publicity portrait aus dem Film „Midnight Lace", „Mitternachtsspitzen", 1960): 1

Studio publicity portrait aus dem Film „Pillow Talks" („Bettgeflüster", 1959): 20, Lizenz: gemeinfrei
http://creativecommons.org/publicdomain/zero/1.0/legalcode

Alan Light/CC-BY2.0 / http://www.flickr.com/photos/alan-light/210409111 (Foto bei der 39. „Oscar"-Verleihung im September 1987): 26 (via Wikimedia Commons), lizensiert unter CreativeCommons-Lizenz by-2.0.de
http://creativecommons.org/licenses/by/2.0/legalcode

Jimmy „Jimbo" Wales /CC-BY-SA3.0 (Foto vom 19. Oktober 2004 bei einer Wahlkampfveranstaltung auf „Al Lang Field" in St. Petersburg, Florida): 38 (via Wikimedia Commos), lizensiert unter CreativeCommons-Lizenz by-sa-3.0-de
http://creativecommons.org/licenses/by-sa/3.0/legalcode

Alan Warren/CC-BY-SA3.0
(Foto von 1973): 22
(Foto von 1975): 25
(Foto von 1976): 24
(via Wikimedia Commons), lizensiert unter Creative Commons-Lizenz by-sa-3.0-de
http://creativecommons.org/licenses/by-sa/3.0/legalcode

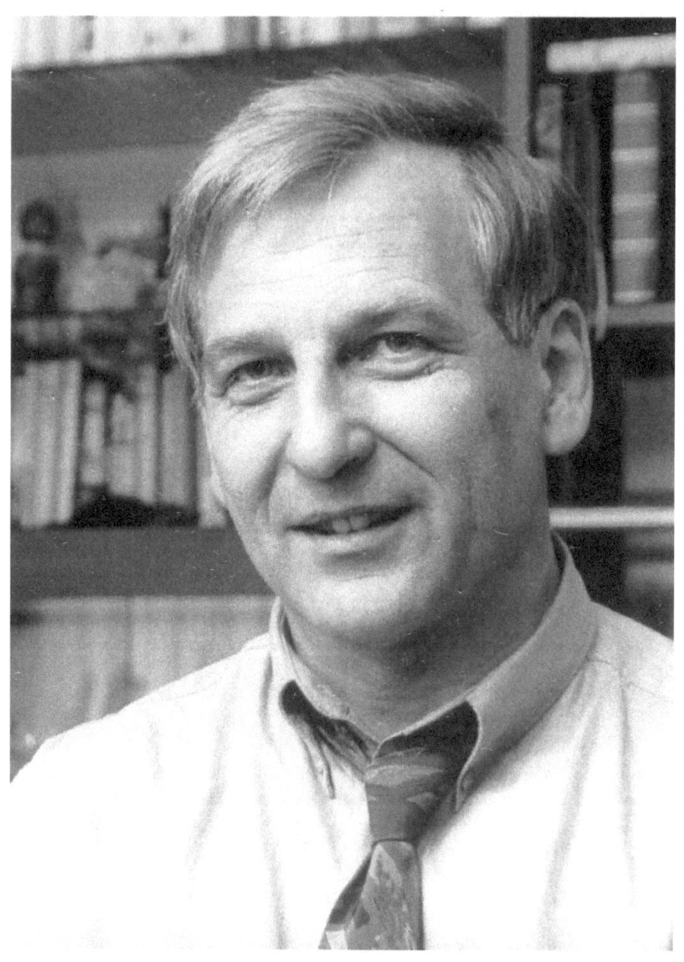

Autor Ernst Probst

Der Autor Ernst Probst

Ernst Probst, geboren am 20. Januar 1946 in Neunburg vorm Wald im bayerischen Regierungsbezirk Oberpfalz, ist Journalist und Wissenschaftsautor. Er arbeitete von 1968 bis 1971 als Redakteur bei den „Nürnberger Nachrichten", von 1971 bis 1973 in der Zentralredaktion des „Ring Nordbayerischer Tageszeitungen" in Bayreuth und von 1973 bis 2001 bei der „Allgemeinen Zeitung", Mainz. In seiner Freizeit schrieb er Artikel für die „Frankfurter Allgemeine Zeitung", „Süddeutsche Zeitung", „Die Welt", „Frankfurter Rundschau", „Neue Zürcher Zeitung", „Tages-Anzeiger", Zürich, „Salzburger Nachrichten", „Die Zeit", „Rheinischer Merkur", „Deutsches Allgemeines Sonntagsblatt", „bild der wissenschaft", „kosmos", „Deutsche Presse-Agentur" (dpa), „Associated Press" (AP) und den „Deutschen Forschungsdienst" (df). Aus seiner Feder stammen die Bücher „Deutschland in der Urzeit" (1986), „Deutschland in der Steinzeit" (1991) und „Deutschland in der Bronzezeit" (1996). Von 2001 bis 2006 betätigte sich Ernst Probst als Buchverleger sowie zeitweise als internationaler Fossilienhändler und Antiquitätenhändler. Insgesamt veröffentlichte er rund 200 Bücher, Taschenbücher, Broschüren und E-Books.

Bücher von Ernst Probst

(Auswahl)

Als Mainz noch nicht am Rhein lag

Annie Oakley
Die Meisterschützin des Wilden Westens

Archaeopteryx. Der Urvogel
aus Bayern

Christl-Marie Schultes. Die erste Fliegerin in Bayern
(zusammen mit Theo Lederer)

Cortés und Malinche. Der spanische Eroberer
und seine indianische Geliebte

Der Europäische Jaguar

Der Mosbacher Löwe
Die riesige Raubkatze aus Wiesbaden

Der Rhein-Elefant
Das Schreckenstier von Eppelsheim

Der Sögel-Wohlde-Kreis

Die nordische Bronzezeit in Deutschland

Die Hügelgräber-Kultur in Deutschland

Die ältere Bronzezeit in Nordrhein-Westfalen

Die Bronzezeit in der Lüneburger Heide

Die Stader Gruppe

Die Oldenburg-emsländische Gruppe

Die Urnenfelder-Kultur in Deutschland

Die ältere Niederrheinische Grabhügel-Kultur

Die Unstrut-Gruppe

Die Helmsdorfer Gruppe

Die Saalemündungs-Gruppe

Die Lausitzer Kultur in Deutschland

Die Dolchzahnkatze Megantereon

Die Dolchzahnkatze Smilodon

Die Säbelzahnkatze Homotherium

Die Säbelzahnkatze Machairodus

Die Schweiz in der Frühbronzezeit

Die Rhône-Kultur in der Westschweiz

Die Arbon-Kultur in der Schweiz

Die Schweiz in der Mittelbronzezeit

Die Schweiz in der Spätbronzezeit

Dinosaurier von A bis K. Von Abelisaurus
bis zu Kritosaurus

Dinosaurier von L bis Z. Von Labocania
bis zu Zupaysaurus

Eiszeitliche Geparde in Deutschland

Eiszeitliche Leoparden in Deutschland

Frauen im Weltall

Hildegard von Bingen. Die deutsche Prophetin

Höhlenlöwen. Raubkatzen
im Eiszeitalter

Julchen Blasius
Die Räuberbraut des Schinderhannes

Katharina II. die Große.
Die Deutsche auf dem Zarenthron

Johann Jakob Kaup
Der große Naturforscher aus Darmstadt

Königinnen der Lüfte in Deutschland

Königinnen der Lüfte in Europa

Königinnen der Lüfte in Amerika

Königinnen der Lüfte von A bis Z

Rund 70 Kurzbiografien berühmter Fliegerinnen,
Ballonfahrerinnen, Luftschifferinnen,
Fallschirmspringerinnen, Astronautinnen und
Kosmonautinnen

Königinnen des Films

Königinnen des Tanzes

Königinnen des Theaters

Malende Superfrauen

Meine Worte sind wie die Sterne

Die Entstehung der Rede des Häuptlings Seattle
(zusammen mit Sonja Probst)

Monstern auf der Spur
Wie die Sagen über Drachen, Riesen
und Einhörner entstanden

Neues vom Ur-Rhein
Interview mit dem Geologen und Paläontologen
Dr. Jens Sommer

Österreich in der Frühbronzezeit

Österreich in der Mittelbronzezeit

Österreich in der Spätbronzezeit

Pompadour und Dubarry. Die Mätressen
von Louis XV.

Raub-Dinosaurier von A bis Z.
Mit Zeichnungen von Dmitry Bogdanav
und Nobu Tamura

Rekorde der Urmenschen
Erfindungen, Kunst und Religion

Rekorde der Urzeit
Landschaften, Pflanzen und Tiere

Säbelzahnkatzen. Von Machairodus
bis zu Smilodon

Säbelzahntiger am Ur-Rhein. Machairodus
und Paramachairodus

Superfrauen aus dem Wilden Westen

Tony und Bruno Werntgen. Zwei Leben für die Luftfahrt
(zusammen mit Paul Wirtz)

Was ist ein Menhir?
Interview mit dem Mainzer Archäologen
Dr. Detert Zylmann

Weisheiten der Indianer

Wer ist der kleinste Dinosaurier?
Interviews mit dem Wissenschaftsautor Ernst Probst

Wer war der Stammvater der Insekten?
Interview mit dem Stuttgarter Biologen
und Paläontologen Dr. Günther Bechly

Zenobia von Palmyra.
Eine Frau kämpft gegen die Römer

Bestellungen bei: http://www.grin.com